Сон, який цар забув

Поезія, яку можна розмалювати

Пророцтво справджується

Поезія, яку можна розмалювати

Сон, який цар забув

Написав: Крістер А. Ф. Понтвік

Ілюстратор: Кеті С. Герра

Автор: Крістер А. Ф. Понтвік

Повідомлення автору: kaf.pontvik@gmail.com

Ілюстрації від Кеті С. Герра

Видавник та дизайнер: Пабло Д. Остуні

Переклад: Тетяна Ланг

Перше видання, квітень 2025 р.

У власності у Крістера А. Ф. Понтвіка

ISBN 978-91-633-1057-7

Передмова

Чи можна дізнатися про майбутнє до того, як воно відбудеться? Чи знаєте ви, що є пророцтво, якому 2500 років, і зараз воно наближається до повного виконання?

У цій книжці-розмальовці ви почуєте про сон, який наснився цареві Вавилона (Навуходоносор 630-562 до н.е.), але який він потім забув. Вавилон був однією з найбільших імперій у світовій історії. Цей сон докладно описує європейські царства з часів Вавилону і донині. Коли ти будеш читати цей вірш і розфарбовувати цей дивовижний сон, ти зможеш на власні очі побачити, як цей сон відбувався насправді в історії.

Приєднуйтесь до найменших членів вашої родини в цій неймовірній подорожі, яка дає нам впевненість у кращому майбутньому серед заплутаного світу. Те, що ця мрія зараз вже здійснилася, запевняє нас, що решта теж здійсниться дуже скоро!

У світі проблем та випробувань пам'ятайте: ви унікальні, важливі та цінні!

Я дякую моїй улюбленій дружині та моїм дорогим дітям за підтримку в реалізації мого проекту цієї книги. Я також дякую Кеті С. Геррі, яка чудово проілюструвала текст книги, заснований на вірші, який я спочатку написав іспанською мовою в Стокгольмі в 1992 році, і всім людям, які так чи інакше сприяли тому, що ця книга дійшла до вас сьогодні.

Давним-давно
Жив дуже гордий цар.
Навуходоносор було ім'я його,
І небачена могутність – у руках у нього.

Він був царем Вавилону
І завоював Єрусалим.
Багато полонених він відвів
І один із них, юний Даниїл.

Даниїл та його три друзі,
Стоячи на колінах у колі,
Обіцяли від серця один одному
До кінця залишатися вірними Богові.

Про те, що Бог не залишить своїх дітей
Показано в житті цих чоловіків,
Якщо Божій любові ти довіряєш,
Навіть якщо присутність Його в ту мить не відчуваєш.

Розмірковуючи про майбутнє в царському палаці,
Задумався цар і про його можливий кінець.
У рої думок став засинати,
Не в силах він це так просто прийняти.

Не встигнувши сонце зійти,
Від царя сон поспішив відійти.
Стривожений духом, всіх мудреців звелів він скликати,
Щоб якнайшвидше про сновидіння своє їм розказати.

Але Навуходоносор сів на трон,
Не міг згадати, яким був у нього сон!
І наказав усім мудрецям та всім пророкам:
Розповісти, витлумачити, який сон побачив уночі він?

«Немає на землі людини, яка могла б відкрити цю справу!»
- Відповідали мудреці обережно.
І розлютився і розгнівався цар,
Наказав стратити їх усіх невідкладно!

Данило та його три друзі
Почувши про те, що трапилося,
До Аріоха за порадою та мудрістю звернулися
І грізний наказ царя відклали.

Данило довірив все в руки Бога,
Попросивши царя дати часу ще трохи,
Щоб таємницю зуміли вони розкрити
І значення сну цареві викласти.

Даниїл та його три товариші
Схилили коліна до Бога перед всіма,
І Господь послав Даниїлові відповідь -
Розкрита таємниця, сон тепер – не секрет!

Даниїл, не забувши відповідь від Кого,
Спочатку прославив Бога свого:
«Нехай буде благословенне ім'я Господа від віку до віку!
Він не залишив нас без відповіді!»

Ось що промовив Даниїл про царський сон:
«Бачив ти боввану в темряві,
і розповідає він про долю світу.

Ось якийсь великий бовван,
Величезним та грізним він був,
Точно той самий зі сну, про який цар забув!»
- Аж тремтіння пробігло, і жах в очах його сплив.

"Голова боввана була із чистого злата;
Ти цар, якому Бог дарував: царство,
І владу, і силу, і славу,
Ти являєш собою цю голову!

Груди, руки його - зі срібла,
З металу – менш цінного.
Це - мідяни та перси,
Їм дано правити після тебе.

Черево та стегна його - мідні,
Прийдуть греки, як вовки люті,
Розгромлять вони і мідян і персів,
Проженуть їх геть і ніхто не зможе допомогти.

Гомілки його - залізні,
Вони є представниками Риму.
Це імперія велика, - але й остання.
Так говорить Богом послане цареві сновидіння!»

Той уряд матиме величезну владу
І своїх солдат скрізь встигнуть заслати,
Бажаючи все зруйнувати, відібрати!
Але й їм настане час поразки визнати.

І далі Даниїл говорив:
”Ступні його - заліза та глини частина.
Неможливо його воєдино зібрати,
Буде воно само себе розділяти.»

Ступні та пальці на ногах будуть варварським народом.
Вони - представники змішання над усім небозводом,
Що змусять римську імперію як скло розбитися
І об'єднання Європи спробують вони досягти.

Так, багато хто вже багато разів намагався,
Але всі їхні плани постійно переривалися.
Бог все про завтрашній день давно вже знав
І за тим, що відбувається завжди спостерігав.

У цьому сні Бог дав Навуходоносорові про майбутнє знати.
Це ти сам з історії можеш собі довести,
Про те, що Господь про майбутнє знав
І тобі розповів, щоб ти Йому довіряв.

Даниїл продовжував: «Поки ти ще спав,
Уві сні ти бачив, як великий камінь з неба на ступні впав,
Знищив боввана своєю міццю роздавивши,
Не залишив кореня, на пил земний перетворивши.

А камінь той перетворився на одне велике царство,
Де панує безумовне кохання,
Ним керує там – сам Бог,
Адже Він над злом назавжди переміг.

Навіть якщо ти поки не розумієш,
Бог бачить навіть те, що ти відчайдушно від себе приховуєш.
Але про нас Він ніколи не забуває
І при кожному нашому горі разом з нами Він страждає.

Даниїл дав Навуходоносорові знати,
Який кінець варто світу чекати.
І тоді настане царство Боже на землі,
Засноване на коханні, а не на мечі.

Царство, що належить всесильному Христу,
Який, як людське немовля, спустився до нас з небес.
Робив Він добро, але все ж таки помер і воскрес,
Щоб кожен мав шанс жити там, де наш Небесний Отець.

Цей сон правдивий
І дуже скоро втілиться,
Коли царюючий Христос до нас повернеться,
Щоб з нами знову возз'єднатися.

І тоді побачать Його сходячим на хмарі
З силою і великою славою, і всі ангели небесні.
Ні, Ісуса нога не торкнеться землі,
Але з ангелами Його будемо до неба ми піднесені.

Я запрошую тебе: Бога своїм другом вибери,
І прийми Його великий дар любові.
Я пропоную тобі віддати своє серце і сказати:
"Дякую Господе, у Твоєму царстві назавжди хочу я перебувати".

Я запрошую тебе говорити з Ним щодня,
Як це робив Даниїл.
Зроби Біблію своїм провідником,
Щоб пройти своє життям із Христом.

Я особисто прийняв Христа,
Як свого Спасителя та друга.
Щодня, коли я з Ним спілкуюся,
Я щасливий, адже до вічного життя наближаюсь.

А ти, дитино, прочитавши чи почувши цей вірш знай,
Ти особливий та дорогоцінний.
Христос тебе так сильно любить,
Ти ж для Нього безцінний.

Чи ти хочеш жити вічно в царстві Христа?
Чи ти хочеш бути Його другом завжди?
Тоді повторюй: "Від щирого серця Христа я люблю
І залишитись з Ним назавжди я хочу!"

Якщо вам цікаво дізнатися більше про пророцтва та інші біблій-
ні теми, ви можете відвідати:

https://bible.ua/uk/